AF250601

I

TESTAMENT
VERITABLE
DV
CARDINAL
IVLES MAZARIN.

A **V** NOM *de Monsieur Lucifer,*
De tous les gros Milours d'Enfer,
Et de Madame Proserpine
Que j'adore comme diuine;
Puisque moy IVLES MAZARIN
Qui suis me chant comme vn Lutin,
Et qui d'vn Dieu n'ay point créance,
Voyant que pour l'heur de la France
Ma mort doit bien-tost arriuer,
Ou qu'il me faut viste esquiuer:
Ie fais dans cette conjoncture
Ce Testament à l'auanture;

A

Duquel ie laisse Executeur
Le plus subtil & fin joüeur
Du Hoc, ce jeu si profitable
Que chacun le trouue agréable.

PREMIEREMENT j'ay resolu,
Et veux d'vn pouuoir absolu
Que mon Ame (si j'en ay vne)
D'vne maniere uon commune.
Au moment que j'expireray,
Et que ces lieux ie quitteray,
S'empare du corps d'vne Biche
Allant sans esprons à la Guiche,
Pour la transferer aisément
Plus viste, & plus legerement
Dedans mon Isle Italienne
Où ma puissance est souueraine;
Et où l'on me tient en honneur
Comme si j'estois grand Seigneur.
Et là sans que l'on s'y oppose,
l'ordonne qu'elle la depose
Au sein du jeune Cupidon
A qui j'en accorde le don,
Afin qu'en ce lieu de joüice
Qui luy sera tousiours propice
Il fasse à jamais son séjour

Et regner puiſſamment l'Amour.

Au regard de mes funerailles
Et du connoy de mes entrailles,
I'exhorte de bonne façon
Tous les Corbeaux de Monfaucon
De s'y trouuer en diligence
Deux à deux en belle ordonnance,
Pour entonner lugubrement
Auecque leur croaſſement
Le piteux chant de mon ſeruice
Et me rendre ce bon office :
Moyennant quoy chacun prendra
Sa part d'vn luſles qu'il aura
Pour le porter de compagnie
En volant droit en Italie,
Afin qu'auſſi-toſt les Louis
S'en retournent tous à Paris.

Quant aux biens que i'ay dans la France
Ie peux croire auec aſſeurance
Voyant les choſes que ie voy
Qu'ils y reſteront malgré moy.
Mais enfin ce qui me conſole
Eſt de ne perdre aucune obole :
Car quand icy ie ſuis venu

Desnüé comme vn incognu,
Ie n'auois ny biens ny richeſſes
Pour couurir le nud de mes feſſes.

    Pour tous les Fuſtes que ie tiens,
Les Palais & les autres biens
Que poſſede ma Seigneurie
En pluſieurs endroits d'Italie,
I'entens les conſeruer touſiours
Pour Cupidon & ſes amours ;
Et ſi l'on me les veut reprendre
Il ne faut nullement attendre
Que i'aye accomply mon deſſein,
Ny que mon Ame de mon ſein
Paſſe dans le corps de la Biche :
Car enfin ſi elle s'y niche
Ie jure hautement par ma foy
Qu'on ne tiendra plus rien de moy.

    Ie laiſſe au Roy toute la France,
Et l'ayant miſe en décadence
Enfin ie luy laiſſe la paix
Puiſque ie la quitte à iamais ;
C'eſt vn bien que ie luy dois rendre
Et le plus grand qu'on peut attendre.

Item

Item, ie laiſſe ſans regret
A la Reyne mon Chapelet,
Pourueu que la bonne Princeſſe
Souuent le diſe, & ſe confeſſe.

Plus, ie laiſſe au Duc d'Orleans,
Dont les eſprits ſont doleans
Et remplis de melancolie,
Afin de luy rendre la vie,
Mon beau liure du jeu des Roys
Qui m'a ſeruy ſoixante mois
Auec vn ſi grand auantage
Que chacun m'en a fait hommage;
Et s'il deſire s'en ſeruir
Et le pratiquer à rauir,
Il eſt beſoin (s'il me veut croire)
Pour ſon proffit & pour ſa gloire,
Qu'en ſon jeu, n'y conſultant pas
D'abord il eſcarte quatre az.

Plus ie laiſſe à Madamoiſelle
Pour l'eſtime que l'on fait d'elle
Et de ſa magnanimité,
Mon peu de generoſité,
Afin de la joindre à la ſienne
L'exhortant qu'elle s'y maintienne.

Ie laiſſe au Prince de Condé
Pour m'auoir touſiours ſecondé,
Et pris l'intereſt de ma gloire,
Le ſouuenir & la memoire
De mon nom qui luy ſera cher
Pluſqu'à Poiſſy l'on vend la chair.

Ie laiſſe tous mes Benefices,
Tous mes employs & mes offices,
(Non ſans regret & deſeſpoir)
A ceux qui les pourront auoir.

Ie laiſſe à Monſieur le Grand Maiſtre
Pour l'amour qu'il me fait paraiſtre
Mes plus ſubtils medicamens,
Et tous les meilleurs inſtrumens
De mon appoticarerie
Pour prolonger vn temps ſa vie.

Plus à Grandmont le Mareſchal,
Ie laiſſe le meilleur Cheual
Qui ſoit dedans mon eſcurie,
Pour s'enfuir auecque furie,
Comme il a fait par pluſieurs fois
Afin de marquer ſes exploits,
Et ſa vaillance couſtumiere

En monſtrant à tous le derriere,

Item, ie laiſſe au Chancelier,
Ainſi qu'à Meſſieurs le Tellier,
Bautru, Perrot, & Seneterre,
La peur que m'a cauſe la guerre.

Item, ie laiſſe mon chapeau
De Cardinal, & non d'vn veau,
Au ſieur Abbé de la Riuiere
Qui a couché au cimetiere;
Et luy laiſſe auſſi mon eſprit
Autant fourbe, qu'il eſt maudit,
Pour accroiſtre ſa ſuffiſance,
Sa ſotiſe, & ſon arrogance:
Mais s'il ne les veut accepter
Croyant beaucoup plus meriter,
Que ce bon Seigneur La Riuiere
Soit jetté dedans la riuiere,
Car auſſi bien ſçait-il nager,
Et en eau trouble ſe gorger,

Ie laiſſe toutes mes fineſſes,
Et mes meilleurs tours de ſoupleſſes
A toutes les ſortes de jeux
A celuy qui fait le rieux,

Et dont les boudins & la pance
Font ordinaire residence
Dans la ruë de Betisy,
Mais il est maintenant icy.

Ie laisse mes grosses Ganaches,
Non pas à Monsieur de Gamaches,
Mais à Noüaille le maigret
Qui n'a point le minous replet.

Ie laisse à tous mes domestiques
Et mes seruiteurs mécaniques,
Le regret & le repentir
Que l'on leur fera ressentir,
Pour m'auoir voüé leurs seruices,
Et rendu de fidels offices.

Ie laisse au bon Pere Vincent
Qui ne me croit pas impuissant,
Mon plus autentique breuiaire
Pour recompence & pour salaire
De m'auoir tánt fauorisé,
Et d'indulgence auoir vsé.

Ie laisse toutes mes puissances,
Et toutes mes concupiscences,

Auecque

Auecque mes penſers d'amour
A tous les galans de la Cour,
Et aux mignones les plus belles
Qui n'ont jamais eſté cruelles.

Ie laiſſe, & ie veux faire part
De tout le reſte de mon fart
A Meſdames les Comediennes
Tant Françoiſes qu'Italiennes ;
Et de plus pour l'affection,
L'eſtime & l'inclination
Que ie porte au ſieur l'Eſcarmouches
Ie luy donne toutes mes mouches.

Item, ie laiſſe aux Partiſans
Qui ſont aujourd'huy languiſſans,
De la corde à tous pour ſe pendre,
Par ce qu'ils n'ont plus rien à prendre.

Plus, ie laiſſe mon Eſperon
Et mon foüet de poſtillon,
Sans oublier mes vieilles Bottes
Qui ſont encor pleines de crottes,
Aux bons Couriers du Cabinet,
Pour pluſtoſt porter le paquet ;
Et ce pour telle reſſemblance

Qu'ils ont (non à mon Eminence)
Mais à celle profeſſion
Que i'exerçois eſtant garçon.

Ie laiſſe aux pauures de la France
Le deſir auec l'eſperance
De s'empleumer, & deuenir
Beaucoup riches à l'auenir.

Item, ie laiſſe la memoire
A nos nepueux (non de ma gloire)
Mais de tous les maux que i'ay faits
Qui ne s'oublieront à iamais.

Et comme ie ſerois blaſmable,
Moy qui ay tant fait l'honnorable,
Laiſſant des dons à tout chacun
Meſme aux perſonnes du commun,
Si j'oübliois mes pauures niepces
Qui ſont ma foy de bonnes pieces ;
Ie les veux pouruoir hautement,
Comme auſſi tres-ſortablement
Selon leur rang & leur naiſſance ;
Et ſi elles reſtent en France
I'entens en donner l'vne au fils
Du Maiſtre Bourreau de Paris,

Pourueu que Monseigneur son pere
Donnant les mains à cét affaire
Luy resigne son noble Estat
    Pour seruir le Cardinalat.
Pour la seconde ie desire
Afin qu'auec elle on se mire,
Qu'elle espouse le plus fameux
Apareilleur des amoureux;
Et la troisiesme ie la donne
A la venerable personne
De Monsieur Maistre Iean Doucet,
Plus risible que Iodelet.
En faueur desquels mariages
Ie leur laisse pour auantages
A chacune quatre millions
Des grandes benedictions
Qui m'ont souuent esté données
Depuis certain nombre d'années.

    Et enfin pour l'Executeur
Qui me fera cette faueur,
Ie luy laisse dans son partage
Toute la gloire, & l'auantage
Qu'il doit remporter à iamais
En accomplissant tous mes lais

Et mes intentions dernieres;
Cest dont ie luy fais mes prieres.
EN TESMOING dequoy j'ay signé
Sans auoir esté suborné.
Ce mien testament olografe,
Où ie n'ay point mis de parafe.
FAIT au Chasteau de Saint Germain,
Par moy CARDINAL MAZARIN,
En la plus déplorable année
Que l'on ait veu sa destinée,
Au mois de Ianuier le dix-neuf
L'an mil six cens quarante-neuf.

Collationné sur la minutte
Par Noûs Nicaize De la Butte,
Et Crizolite Ieanguerrin,
Venus exprez de saint Germain.

LA BVTTE.

IEANGVERRIN.